PROJET DE LOI,

PAR M. LE COMTE FORBAN MUSTAPHA.

PROJET DE LOI,

PAR M. LE COMTE FORBAN MUSTAPHA, GRAND OFFICIER DE LA COURONNE DE PLOMB ET DU SCEPTRE DE FER, GRANDE PEAU DE LA CAVERNE DES TIGRES, LE SUBLIME D'ENTRE LES GRANDS VAUTOURS DE L'ORDRE DE LA VORACITÉ, ET ILLUSTRISSIME GRAND MAITRE DE L'ORDRE DU GIBET.

A LILLE,

DE L'IMPRIMERIE DE L'ESCLAVE VENTR'ATERRE,
RUE NAPOLÉON.

Se vend à Paris, chez les Marchands de Nouveautés.

19 juin 1815.

PROJET DE LOI.

Après avoir entendu les rapports de son excellence monseigneur le comte Carnot, ministre de l'intérieur, et de son excellence monseigneur le duc d'Otrante, ministre de la police, adressés à sa majesté Corse, et dont elle a daigné permettre la communication à la chambre des représentans, par l'organe, non de l'intrépide et de l'invincible Renaud, mais de M. le comte de Regnault de Saint-Jean d'Angely, nommé en 1814 chef de légion de la garde nationale parisienne, aux effets de haranguer et de vaincre ou mourir à son poste, et lequel mondit sieur Regnault encore vivant, a été, pour ses grands et loyaux services, nommé ministre d'état; ce qui est plus fort, député représentant à la susdite chambre pour défendre les droits du peuple, et ce qui est bien plus fort encore, honorable membre d'un conseil de régence à l'instar de celui d'Alger; et lequel Regnault en toutes ses susdites qualités est chargé de porter, de rapporter, d'observer les moindres mouvemens, de noter et signaler les murmurans, de faire sauter son cœur hors de sa poitrine pour soulever ses auditeurs, quand il déclamera les mots *patrie*, *liberté*, ou lorsqu'il vomira de noirs torrens d'invectives contre les journalistes et la liberté de la presse.

Et enfin, après avoir à peine pu comprendre le rapport de son excellence monseigneur le duc de Vicence, ci-devant Caulaincourt et menin du duc d'Enghien, la susdite excellence, ministre des relations extérieures de la susdite majesté Corse, aux fins spéciales convenues et ordonnées *in petto*, attendu qu'aucunes puissances ne voulant être en relation avec la susdite majesté, le ministère se réduit à l'envoi secret dans toutes les cours d'affidés chargés de missions aussi expéditives que périlleuses, ledit rapport fait encore, et toujours encore, par l'organe de l'infatigable, éloquent, et très-surprenant susdit comte Regnault.

Considérant que Louis XVIII, roi de France et de Navarre, 1° en vertu du droit d'hérédité maintenu et respecté par les François, dans sa maison, pendant 900 ans; 2° par un contrat solennel juré par son frère Louis XVI, et par toute la nation françoise, le 14 septembre 1791, contrat consacrant les droits imprescriptibles de l'homme et du citoyen, et de la royauté des Bourbons, la personne du roi y étant déclarée inviolable et sacrée; contrat que le crime seul a pu violer, mais qu'il n'a pu anéantir; 3° par un traité solennel fait entre Louis XVI, au nom de la France et toutes les puissances de l'Europe; 4° par l'abdication non nécessaire, mais libre et volontaire de Napoléon, qui a renoncé à toutes prétentions; qui a accepté une retraite près de la Corse, à l'île d'Elbe; qui est devenu entièrement étranger pour la France, et qui n'étant plus rien pour elle, ne pouvoit jamais y être rappelé ; 3° et enfin par le vœu général de la nation, manifesté non seulement par une multiplicité d'actes spontanément partis de toutes les provinces, dans l'exaltation de la joie générale, mais encore par l'acceptation et la mise à exécution volontaire et sans délai de la charte constitutionnelle, contenant tous les élémens et la sauve-garde entière de la liberté publique ; charte qui, par son acceptation et son exécution, étoit devenue contrat irrévocable entre le prince et ses peuples ; considérant que ce prince, au milieu des obstacles, des intrigues et des complots, s'est livré à rétablir le crédit et les finances ; qu'il s'est appliqué sans relâche à procurer à ses peuples, après 25 ans d'effroyables maux, une paix solide et durable ; que ce prince éclairé et vertueux n'avoit d'autre passion que celle de faire le bonheur de ses peuples ; qu'onze mois lui ont suffi pour opérer de grandes améliorations ; que son règne offroit l'espérance d'une prospérité toujours croissante ; mais considérant qu'un semblable état de choses étoit, par les raisons suivantes, avilissant, exécrable et insupportable ;

Considérant que les lumières étant parvenues au plus haut degré de perfection, c'est complette ignorance que vouloir économiser la fortune publique, et diminuer successivement les impôts qui, sous l'empire du génie, doivent écraser le peuple ; que c'est absurdité de vouloir inspirer la saine morale et les bonnes mœurs, parce qu'il n'y a ni Dieu, ni vraie religion, parce qu'honneur et probité sont de vains mots ; que ces chimères n'existent que dans la tête des caffards, des bigots, des radoteurs ou de quelques gens romanesques ; les richesses, la soif de l'or devant être les mobiles de toute espèce d'action ; que c'est dénaturer notre industrie, vouloir plonger les arts dans les ténèbres, que de les porter vers la prospérité d'une nation ; que c'est vouloir anéantir notre commerce actuel, que de tenter d'y introduire la bonne foi, que de s'attacher à entretenir la paix et à faire des traités pour lui ouvrir de légitimes débouchés, et enfin de faciliter une sage concurrence dans l'intérêt des consommateurs qui composent la nation presque entière ; parce que d'abord tout commerce ne doit briller que d'un éclat imposteur et passager, parce que les banqueroutes sont devenues une branche d'industrie ; ensuite parce qu'avec la guerre on détruit le commerce de ses voisins, avec des conquêtes on impose aux peuples opprimés la loi de prendre au poids de l'or des marchandises sans consistance ni qualité, parce que les consommateurs sont des dupes, des victimes nécessaires, qu'il faut sacrifier à l'avidité des monopoleurs qui intéressent toujours les grands faiseurs d'un gouvernement ;

Qu'il est de droit et de justice suprême, que la fortune publique soit exclusivement partagée entre ceux qui ont renversé le trône, bouleversé la France, et entre les principaux chefs qui ont voué la guerre d'extermination à tous les peuples et à leurs rois ; que les titres de chevalier, baron, comte, duc, prince, de monseigneur, d'excellences de toute espèce, sont l'héritage sacré de ceux qui ont assassiné la famille royale et les nobles, proscrit leurs ascendans et descendans, brûlé leurs titres, spolié leurs biens, proclamé une république de nom, le gouvernement sanguinaire, juré haine à la royauté, de ceux qui couverts de bonnets teints de sang, ont juré liberté, égalité, fraternité, ont souillé la religion par toutes sortes d'infamies et de sacrilèges, ont démoralisé les peuples ; et qui enfin sur les cendres des châteaux, sur les ruines du trône, les mains encore sanglantes de l'assassinat des rejetons des rois, et des défenseurs de la monarchie et de la vraie liberté, ont élevé un despotisme militaire impérial, se sont érigés nobles eux et leurs descendans ; le trône impérial, dont le nom seul rappeloit la honte de Rome, les règnes affreux, extravagans, cruels et infâmes des douze Césars ;

Considérant qu'un règne tel que celui de Louis XVIII, tendant à faire disparoître les empyriques, les dilapidateurs et les vampires qui désoloient la France, un tel règne auroit fait bénir à jamais le retour miraculeux d'un Roi père du peuple, et que les Français, pour ne plus perdre le bienfait de l'institution de la légitimité des rois, auroient opposé des obstacles insurmontables au retour des horreurs dont le crime a pâli lui-même;

Considérant qu'un gouvernement paternel, la monarchie constitutionnelle, ne doivent plus exister en France, parce que les gens de bien, en trop grande majorité, y obtiendroient toute la considération; parce que les vertus et les utiles talens l'emporteroient sur l'audacieuse jactance, la fourberie et la corruption; que le despotisme militaire le plus absolu est le gouvernement par excellence, parce que sous son bras de fer, ses satrapes et ses esclaves ont le droit exclusif de gouverner par la terreur, et d'envahir tout ce qui leur convient; parce que le droit du plus fort, par et en vertu des baïonnettes, est le suprême droit; que la justice n'existe que dans des gouvernemens foibles où les princes ont la manie de vouloir protéger l'innocence et l'opprimé contre les embuches et les crimes des puissans;

Considérant que la liberté ne doit jamais consister à faire jouir l'honnête homme de tous les droits que peuvent accorder des lois humaines et sages; que la liberté n'est qu'un prétexte, un stylet que l'habileté seule doit manier, un mot d'ordre pour rallier tout-à-coup à soi ceux que le bon peuple chasse de son sein, pour exciter les vagabonds, les échappés de galères, à débarrasser les usurpateurs des hommes courageux qu'ils redoutent, et pour, en imprimant une profonde terreur, ressaisir fortement les rênes d'un gouvernement déshonoré et tout près d'écrouler;

Considérant que c'est l'œuvre accompli du génie infernal et de la bassesse, que d'avoir créé un effroyable despotisme militaire sous l'intitulé imposteur de constitutions et de sénatus-consultes; qu'à ce génie il appartenoit seul, pour reproduire magiquement ce code monstrueux anéanti par l'abdication, d'y accoler par dérision des articles dits additionnels;

Considérant que le mode de voter, commandé par la volonté seule d'un Corse banni, que les votes par des ignorans soudoyés, par six cent mille individus déclarés incapables de voter par les constitutions elles-mêmes, par des parjures de profession, par nombre de fonctionnaires et d'employés menacés de la perte de leurs états, par une foule de nécessiteux et de gens terrorisés, et tous lesquels réunis n'ont point fourni la vingt-cinquième partie de la population française; que tous décrets rendus par le banni, toutes convocations et assemblées par lui ordonnées, toutes nominations faites en conséquence sous son influence et par lui; que tous sermens, tous actes généralement, suites de la surprise, de la violence, sont frappés de la nullité la plus radicale, la plus grossière et la plus révoltante; qu'ils ne peuvent enfin légitimer ce qui a été renversé et anéanti pour jamais dans l'intérêt du peuple; considérant qu'il est très-vrai qu'il n'existe aujourd'hui en France aucune autorité légale à laquelle en droit on puisse être astreint à déférer et obéir ; que la juste crainte des horreurs de l'anarchie, impose seule aux bons Français la modération et l'observation de leurs bonnes lois, pour que tout l'édifice social ne soit pas renversé ; mais cependant que, quelle que soit cette vertu qu'on ne peut s'empêcher d'admirer, et quelque impudent et quelque frêle que soit l'échafaudage de pouvoirs élevé pour en imposer au vulgaire, il est de la plus haute importance de déclarer et reconnaître légal, admirable, généralement consenti et comme sacré tout ce qui a été surpris, fait arbitrairement, violemment, contre toutes les règles du droit des gens et des nations, parce que de toutes ces iniquités il faut en faire résulter ces maximes fondamentales : *un trône appartient à qui peut l'usurper; les nations sont faites pour être les jouets et les victimes des complots; tous moyens qui conduisent à la tyrannie sont excellens*; parce que des maximes de cette force favorisent des bouleversemens avantageux aux ambitieux criminels, et parce qu'elles doivent l'emporter sur les principes timides de bonne-foi et de bonheur public ;

Considérant qu'il n'y avait que Buonaparte et ses principaux agens qui fussent à la hauteur de ces maximes et réellement capables de ramener en France ces abus, ces bouleversemens qui ont enrichi et élevé en dignités ce qu'il y avait d'impur, que nombre de candidats aspirent encore à se joindre à eux, pour avoir part et pour se distinguer dans tous les fléaux dont une nation puisse être accablée; que ceux-là seuls sont les grands hommes du siècle; qu'ils ont perfectionné le grand système appelé le règne des idées libérales, et qui consiste à piller, saccager, immoler les générations, à détrôner tous les rois pour y substituer des esclaves rois tirés des billards, des gargotes, des comités révolutionnaires; système enfin qui n'admet pour grandes et sublimes actions, que les crimes couronnés de succès;

Considérant que la presque-totalité des Français demande à grands cris son souverain légitime dont elle apprécie toutes les vertus, qu'elle vénère et chérit; que ces cris de la vraie liberté, de la fidélité et de l'honneur, et ce vœu éclatant de toutes parts, doivent être considérés comme des attentats, des rébellions envers le Corse et envers ceux qui, supérieurs à tout sentiment humain, ont conspiré contre le clément et généreux souverain légitime;

Considérant que tout crime extraordinaire confond la raison humaine, et que, glaçant presque tous les cœurs d'effroi, il faut profiter de l'instant de stupeur générale pour porter les derniers coups décisifs, et que conséquemment un État peut devenir le patrimoine des conspirateurs; que conséquemment encore il faut déclarer que les Français ne sont plus que des esclaves attachés à la culture de la terre usurpée;

que ces hautes vérités ont été déjà dévoilées par des conseillers d'Etat dans de sublimes rapports ; mais qu'à des esclaves encore raisonneurs il faut des baillons, des muselières ; qu'à des esclaves pouvant encore se débattre, il faut des chaînes qui les affaissent et empêchent leurs articulations ; et qu'il faut qu'au seul nom de Corse tout Français frémisse, s'abaisse et qu'il meure d'effroi au moindre regard que portera sur lui son sublime et suprême seigneur ;

Considérant que toutes les puissances indignées osent aussi discuter les droits, osent invoquer des principes ; qu'elles s'avancent pour terrasser ces partisans des *grandes idées* qui ne veulent rien que de très-raisonnable, la chute des trônes et le bouleversement des Etats ; que les puissances, par un concert et un appareil dont l'histoire n'offre point d'exemple, attentent aux droits et à l'indépendance décrétée par des usurpateurs, et qu'en faisant la guerre au grand système des *idées libérales*, ces puissances ont le projet odieux de faire renaître au dix-neuvième siècle les vieux préjugés d'équité, de raison, et ces vertus qui brilloient sous les gouvernemens paternels ; que *les fils de la secte Buonapartiste*, dévorés d'ambition, abhorrant tout travail, ne peuvent plus supporter l'idée d'un retour honteux à la vie laborieuse et aux vertus sociales ;

Considérant enfin que le danger est très-imminent ; qu'entre sang et eau, il n'est d'autre différence, que celle d'entre deux liquides d'autre couleur et qualité; que les cris des blessés et des mourans, ne diffèrent d'autres bruits, que par les idées que l'homme généralement foible y attache; mais qu'au dix-neuvième siècle tout est génie; que c'est l'apogée de la sublimité de ne rien voir, entendre, ni sentir; qu'un rocher au plus fort des tempêtes, ne voit, n'entend ni ne sent, et reste immobile pendant les cris affreux des naufragés; que le sang françois a coulé, coule et peut couler encore en entier pour la l'indépendance du héros de bronze, du héros du grand siècle, de sa précieuse race, des tartufes révolutionnaires et des caméléon politiques; qu'il faut châtier au plutôt ces souverains insensés qui veulent rétablir dans leurs droits les François opprimés et leur Roi, avec lesquels ils ont fait alliance; qu'il est du plus impérieux devoir de seconder le vaste génie qui pour éclairer l'univers a projeté d'embrâser toutes les cités des peuples civilisés, et de rendre ses décrets sur des montagnes d'ossemens;

Par tous ces motifs, a été rendue la loi suivante:

ART. 1er. Tous les François sont déclarés en rébellion contre le Corse, et coupables de fidélité envers Louis XVIII. Toutes les villes seront mises en état de siége, et de suite minées et contreminées pour sauter au premier signal donné par ledit Corse.

ART. 2. Tout malfaiteur est patriote. Il sera mis en pleine liberté, armé, soldé, et il dénoncera provisoirement, sous sa responsabilité morale, qui bon lui semblera. Les patriotes seront de suite organisés en commissions de haute police et d'exécuteurs nationaux de mitraillades et de fusillades, le tout pour le salut et le bonheur du peuple. Jusqu'à leur organisation tout individu passant devant leurs bandes, bandes, sera forcé de crier, vive l'Empereur ! vive l'indépendance, sinon lapidé.

Art. 3. Tous liens sociaux sont rompus. Il n'y a plus de pères, de mères, d'enfans, de frères, de sœurs, de parens, d'amis et de sentimens généralement quelconques. L'Empereur est tout, tient lieu de tout. Tout est à lui, pour lui, et rien absolument n'est à soi. La trahison est grand acte de vertu : il l'a paye et l'honore d'après son tarif des énormités.

Art. 4. Toutes lois, toutes institutions tendant à garantir et protéger la liberté sont absurdes, et demeurent pour jamais abolies en France. Il n'existe d'autre volonté dans l'empire que celle de l'Empereur.

Art. 5. Il y aura guerre perpétuelle avec tout l'univers. Tout mâle sans exception, même paralytique ou cul-de-jatte est militaire, soumis au régime et à la discipline. Passif, aveuglément subordonné, il ne peut mouvoir, penser, proférer un mot, lire, écrire quoique ce soit, sans permission très-expresse d'un officier. Les officiers se prendront par préférence désormais parmi ceux qu'on reconnoîtra les plus brutaux, pour commander spécialement ce qu'il y aura de plus recommandable et de plus éclairé dans la nation.

Art. 6. La cravache, les coups de plat de sabre, les cachots, en attendant l'invention de plus grandes peines, seront le code martial et le régime provisoire pour commander et obtenir prompte obéissance au doigt et à l'œil. Pour exciter et encourager tout soldat, après l'avoir amené pieds et poings liés sur le champ de bataille, on braquera derrière chaque bataillon, plusieurs pièces de canon, et un piquet de cavalerie sera posté pour sabrer ceux qui ne voleroient pas assez vite au combat. Quiconque aura l'honneur d'avoir la tête emportée par un boulet de canon, improvisera un discours de remercîment pour sa majesté Corse.

Art. 7. Tous les livres des bibliothèques publiques et particulières sont expressément réservés pour faire des cartouches. Il est défendu de rien lire qui reveille la moindre idée sur la dignité de l'homme. Il n'y a qu'une histoire : celle de l'Empereur. Quiconque oseroit rappeler l'histoire de France sera rebelle au premier chef. On supprimera sans délai de l'alphabet, toutes les lettres avilissantes avec lesquelles se composent ces mots : Vive Louis XVIII ! Vivent les Bourbons !

Art. 8. Il n'y a plus de couleur blanche. Tout

ce qui est blanc sera mis en noir. Les lys seront sans délai arrachés de tous les jardins, et leurs graines brûlées pour qu'il n'en existe plus désormais en France.

Art. 9. Pour laisser disponibles le plus d'hommes possible, pour les guerres présentes et futures, il sera proposé très-incessamment une loi dont le but sera de réduire toutes les professions quelconques en manufactures, fabriques, régies et dépôts généraux, lesquels seront exploités exclusivement pour le compte du gouvernement par gens titrés, de manière que sous un très-court délai tous individus travaillant chez eux ou en boutiques pour leur compte, ferment au plutôt leurs boutiques et leurs établissemens; que tous maîtres soient forcés de devenir serfs travailleurs dans les grands établissemens nationaux, où ils seront logés, nourris et vêtus aux moindres frais, et de manière enfin que presque tous les garçons et ouvriers de ces maîtres, demeurant sans occupation et sans pain, aspirent au bonheur et à la gloire de mourir pour la susdite majesté.

Art. 10. En attendant ces grands établissemens de prospérité nationale, les manufacturiers, fabricans et autres qui auront le secret d'employer le moins de matière possible, qui auront inventé des mécaniques avec lesquelles, sans aucuns bras, ils pourront faire des simulacres de marchandises, et enlever au peuple des travaux de toute espèce; qui par un faste éclatant, donneront aux étrangers une fausse idée de la prospérité de notre commerce; qui justifieront de leurs banqueroutes civiques; qui prouveront avoir envoyé régulièrement à *la criée*; qui prouveront avoir par leurs inventions réduit le plus de bras à l'oisiveté et le plus grand nombre de familles à la misère, afin de donner des soldats à ladite majesté; ceux qui, par des procédés, auroient encore trouvé le moyen de colorer l'eau en vin, de faire du pain sans grain, par exemple, avec du chardon, de désinfecter la charogne pour qu'elle serve de viande habituelle, de faire du feu sans combustibles, de faire du vinaigre avec des bûches, de l'huile avec des fagots, du café des îles avec des pelures de marons d'Inde, du sucre de canne avec des panais, des carottes, etc. etc.; et enfin ceux qui auront eu l'art de deshabituer le peuple petit à petit des douceurs de la vie, et de le dégoûter des choses essentielles à sa subsistance; outre les rétributions que leur zèle patriotique méritera à ces inventeurs, ils obtiendront la proscription pour tout l'Empire, de tous les produits réels, pour vendre aux prix les plus élevés et par priviléges exclusifs en France et dans les pays conquis, les produits falsifiés et artificiels; ils recevront des titres honorifiques pour eux et leurs descendans, avec les décorations de grands vautours de France.

Art. 11. Il n'y aura plus d'autres monuments en France, que des oiseaux de proie sculptés; d'autres tableaux, d'autres peintures, que les portraits de l'Empereur, et les plus dégoûtantes caricatures sur les rois et les princes de France; d'autre musique que les airs : *Ça ira* et *la Carmagnole ;* d'autres poésies que les paroles qui seront décrétées par l'Empereur sur ces airs; d'autre délassement que de porter du plâtre à Montmartre; et d'autres spectacles que les abattoirs et le combat du taureau.

ART. 12. A moins d'être décoré, on ne possède plus de bien en propre; on ne demeure que l'esclave régisseur de ladite majesté. On est contraint d'offrir volontairement en don patriotique, l'argent destiné aux besoins même de la vie, et lesquels besoins seront précisés et déterminés par décret; et pour subvenir aux dépenses de l'Etat, et au payement des traitemens et pensions énormes qui seront accordés aux gens titrés, chaque régisseur de son ci-devant bien sera contraint de verser très-exactement ses denrées dans les magasins nationaux, et tous revenus pécuniaires dans la caisse du gouvernement.

ART. 13. Il sera pourvu à l'établissement de grandes administrations de délations. Il sera formé des escouades de délateurs à petits rubans bleus ou rouges. Il sera ouvert dans chaque quartier, des prisons, des cachots assez spacieux pour renfermer le grand nombre d'honnêtes gens déjà dénoncés, qui ont mérité et qui vont mériter d'être punis. Il sera élevé dans chaque département de grandes manufactures de chaînes, dont la direction sera confiée aux conseillers d'état qui coopèrent le plus à perfectionner la grande indépendance, et qui par des lois violentes de nivellement ont jusqu'ici prouvé leur science profonde dans l'art d'asservir et d'enchaîner le peuple françois mécontent.

Art. 14. Tout ce qui peut tendre à isoler l'homme dans son pays natal, à lui ravir toute liberté, toute ressource, tout espoir, à ossifier son cerveau, et qui cependant n'auroit pas été prévu par la présente, est recommandé au zèle et à la frénésie des chefs militaires, qui agiront à leur gré, et seront affranchis de tout compte et de toute responsabilité. L'indépendance nationale exigeant la plus grande rigueur envers les peuples de Louis XVIII, qui abhorrent le Corse, et les sectaires de l'imposture, la mort simple pourra être donnée dans les moindres cas, jusqu'à l'organisation très-prochaine des tortures patriotiques.

Art. 15 et dernier. Telle est la constitution perfectionnée. Si malgré toutes les précautions que la sollicitude et la prudence du législateur viennent de prescrire, les François s'unissant tout à coup, arboroient partout dans un soulèvement général, le drapeau blanc, la chambre des pairs, celle des représentans et les grandes autorités se retireront sous peine de mort dans le camp du héros *sauveur de la patrie, ainsi proclamé par M. Lepelletier, commissaire extraordinaire de ladite majesté dans ladite chambre des représentans*; et à dans ledit camp, lesdites autorités en permanence, d'après les inspirations du Corse et sous ses ordres, écriront et feront exécuter des lois telles, que cette nation rebelle, persistant dans son crime de fidélité, envers Louis XVIII, disparoisse du sol de la liberté et de l'indépendance; et si par quelque accident imprévu, les François, brisant leurs chaînes, obtenoient enfin l'objet du plus ardent de leurs vœux, il est ordonné à tous ceux qui auront concouru à la confection et à l'exécution de la présente loi, de se précipiter dans le goufre du Tartare, et de se réunir au plutôt dans le grand palais des Euménides, pour aviser à des moyens plus funestes et plus efficaces pour la destruction du genre humain.

www.ingramcontent.com/pod-product-compliance
Lightning Source LLC
Chambersburg PA
CBHW071414060426
42450CB00009BA/1886